BEI GRIN MACHT SICH IHR WISSEN BEZAHLT

- Wir veröffentlichen Ihre Hausarbeit, Bachelor- und Masterarbeit

- Ihr eigenes eBook und Buch - weltweit in allen wichtigen Shops

- Verdienen Sie an jedem Verkauf

Jetzt bei www.GRIN.com hochladen und kostenlos publizieren

Wolfram Böttcher

Entstehung der Eugenik und ihre Radikalisierung im Nationalsozialismus

GRIN Verlag

Bibliografische Information der Deutschen Nationalbibliothek:

Die Deutsche Bibliothek verzeichnet diese Publikation in der Deutschen National-
bibliografie; detaillierte bibliografische Daten sind im Internet über http://dnb.d-
nb.de/ abrufbar.

Impressum:

Copyright © 1999 GRIN Verlag GmbH
Druck und Bindung: Books on Demand GmbH, Norderstedt Germany
ISBN: 978-3-640-76261-3

Dieses Buch bei GRIN:

http://www.grin.com/de/e-book/97438/entstehung-der-eugenik-und-ihre-radikali-
sierung-im-nationalsozialismus

GRIN - Your knowledge has value

Der GRIN Verlag publiziert seit 1998 wissenschaftliche Arbeiten von Studenten, Hochschullehrern und anderen Akademikern als eBook und gedrucktes Buch. Die Verlagswebsite www.grin.com ist die ideale Plattform zur Veröffentlichung von Hausarbeiten, Abschlussarbeiten, wissenschaftlichen Aufsätzen, Dissertationen und Fachbüchern.

Besuchen Sie uns im Internet:

http://www.grin.com/

http://www.facebook.com/grincom

http://www.twitter.com/grin_com

Wolfram Böttcher

Entstehung der Eugenik und ihre Radikalisierung im Nationalsozialismus

Das von mir übernommene Referat steht nicht nur ein einem geschichtlichen, sondern auch in einem ganz aktuellen Zusammenhang:

Denn Theorien und Praxisvorschläge für eine Art Menschenzüchtung reichen nicht nur weit zurück in die Geschichte, sondern sie sind im Zusammenhang mit der Entwicklung der Gentechnologie von großer aktueller Bedeutung.

Auch wenn heute die Basis für eine mögliche "Verbesserung" des Erbguts, („Genpools") nicht mehr unbewiesene Theorien über Rasse und Vererbung sind, sondern offensichtlich reelle naturwissenschaftliche Erkenntnisse über die Gene des Menschen zur Grundlage haben, bleibt nach meiner Ansicht doch eine Nähe zur alten Zielsetzung, der Züchtung höherwertiger Menschen. Gerade in den letzten Wochen wurde in den Medien über die Hebung der Moral in der Gesellschaft durch Genveränderung spekuliert.

Was die geschichtliche Seite anbetrifft, so setzt das Thema eine Menge Wissen um den Nationalsozialismus voraus. Außerdem ist es schwierig, allein schon von den Begriffen und den Tatsachen her Klarheit in ein gewisses Durcheinander zu bringen.

Bei Wörtern wie Rassenlehre, Erbpflege, Euthanasie, ... geht sofort die Schublade "verabscheuenswerte Greueltaten der Nazis" auf, was ja auch nicht falsch ist, was aber eine genauere und unvoreingenommene Beschäftigung zum Beispiel mit Fragen, wie sie zum Beispiel, die Eugenik betreffen, schwer macht.

Ein populäres Beispiel ist auch der Begriff der "Euthanasie", der heute fälschlicherweise wegen der Vernichtung von "lebensunwertem Leben" durch die Nazis, die ja überhaupt nicht mit Sterbehilfe zu tun hatte, mit dem Geruch dieser Massenmorde behaftet ist.

Aber auch unabhängig von dieser politischen Problematik ist die Beschäftigung mit den vielen bei diesem Thema vorkommenden Begriffen nicht leicht. Hier möchte ich einmal aufzählen, was dabei alles vorkommt: Sozialdarwinismus, Humangenetik, Hygiene, Eugenik, Rassenhygiene, Rassenanthropologie, Rassenlehre, Rassentheorie, Rassenbiologie, Vererbungslehre, Erb- und Rassenpflege, usw. Davon gibt es dann je nach Standpunkt von Wissenschaft und Politik noch die unterschiedlichen Spielarten und Ansichten.

Ich habe deshalb auch schon aus Gründen der mir zur Verfügung stehenden Zeit nur einen relativ kleinen Teil der Dinge, die zu diesem Thema gehören, berücksichtigen können.

Erschwerend kommt hinzu, dass die Darstellungen zu diesem Thema wissenschaftlicher Art sind, die in der Fachsprache geschrieben wurden und schon vom normalen Verstehen her einiges abverlangen.

Im Mittelpunkt meiner Ausführungen steht die Eugenik, die Wissenschaft vom "guten Erbe". Sie nahm von sich in Anspruch, sagen zu können, was gutes Erbgut ist und was schlechtes, welche körperlichen und seelisch-geistigen Merkmale eines bestimmten Menschen erblich sind und welche Maßnahmen zur Verbesserung des Erbguts eines Volkes angewandt werden sollen.
Die eine Richtung kann als "positive" Eugenik bezeichnet werden. Es ging um die Verbesserung des Erbguts durch züchterische Maßnahmen in Richtung höhere Intelligenz, bessere Körperlichkeit, Schönheit oder rassische Reinheit.
Die "negative" Eugenik strebte die Beseitigung schlechten Erbguts aus der Erbmasse (heute würden wir sagen aus dem Genpool) einer Bevölkerung an.

Die Eugenik war aber nicht nur eine Wissenschaft, sie stellte auch praktische Forschungen an, um Aussagen darüber machen zu können, wie Krankheiten, Missbildungen geistige Fähigkeiten vererbt werden und welche überhaupt.
Darüber hinaus war die Eugenik auch eine sozialpolitisch tätig und versuchte Einfluss auf die Politik zu nehmen, um ihre Vorstellungen, wie das Erbgut verbessert werden kann (England). anzuwenden. In Deutschland ging es dabei meistens um die Frage, wie die Weitergabe von "schlechtem" Erbgut verhindert werden kann (z.B. durch Heiratsverbote und Sterilisierung).

Begründer der Eugenik ist der Engländer Francis Galton (1822-1911), der in den 60er Jahren des vergangenen Jahrhunderts damit begann, die Vererbung geistiger Fähigkeiten des Menschen zu studieren.
Durch biographisch-genealogische Untersuchungen über herausragende Persönlichkeiten Englands wies er aus seiner Sicht nach, dass geistige Fähigkeiten, insbesondere Intelligenz, ebenso erblich seien, wie körperliche Eigenschaften.
"Mit Stammbaum- und Zwillingsforschung wird die Erblichkeit körperlicher und geistiger Fähigkeiten der Menschen nachgewiesen. Die Untauglichen vermehren sich zu stark, die menschliche Rasse sieht ihrem Untergang entgegen. wenn nicht durch ´züchterische´ Maßnahmen, die die Vernichtung der ´minderwertigen´ mit einschließen, in den

Evolutionsprozess eingegriffen wird." (1875)

Allein an diesem Zitat wird bereits deutlich, dass die Bezeichnungen negativ und positiv als unterschiedliche Schwerpunktsetzungen zu verstehen sind, aber dieselbe Basis haben.

Galton machte auch praktische Vorschläge, für die er 1883 den Begriff "Eugenik" einführte.

Die geistige Elite Englands sollte durch staatliche Förderung zu früher Heirat und zur Zeugung möglichst vieler Kinder ermuntert werden, um auf diese Art und Weise die Zahl der Personen mit (angeblich) hohen Erbqualitäten von Generation zu Generation zu verbessern.

Unabhängig und neben dieser „positiven" Eugenik entwickelte sich in Deutschland Ende des letzten Jahrhunderts die Richtung der „negativen" Eugenik als Rassenhygiene.

Ihr erster wichtiger Vertreter war der Arzt Wilhelm Schallmayer, der in seiner Broschüre „Über die drohende körperliche Entartung der Kulturmenschheit" (1891) unter anderem folgende Überlegung anstellte: Der Mensch, wie jede andere Gattung höherer Organismen, habe seine gegenwärtige Vollkommenheit nur dadurch erreicht und bisher bewahrt, weil sich im Naturzustand die jeweils begünstigteren Individuen mehr zu Produktion der Nachkommenschaft beitrügen, als die mangelhafteren Organismen derselben Gattung. Dieser Mechanismus der natürlichen Auslese (sowohl Galton als auch Schallmayer waren Anhänger der Übertragung Darwinscher Theorien auf die menschliche Gesellschaft = Sozialdarwinismus) werde aber "durch die steigenden Leistungen der modernen Medizin geschwächt, so oft es derselben gelingt, mangelhaft organisierten oder allgemein schwächlichen Menschen, z.B. den Tuberkulösen, das Leben zu verlängern; denn sie gibt ihnen hierdurch die Möglichkeit zur Erzeugung einer zahlreicheren Nachkommenschaft, als es unter dem bloßen Walten der Natur der Fall gewesen wäre." So würde die Medizin zwar den kranken Einzelpersonen, nicht aber der menschlichen Gattung zum Heile gereichen.

Hier möchte ich bereits festhalten, dass es sich bei dieser Auffassung um eine ganz wesentliche Verschiebung der Blickrichtung vom einzelnen Patienten hin zum angeblich kranken „Volkskörper" handelt.

Weil in dem Buch von Schallmayer (soweit ich dazu Auszüge zur Verfügung hatte) bereits das ganze Programm der Eugenik zum Ausdruck kommt, soll an dieser Stelle ein längeres Zitat wiedergeben werden, in dem es Schallmayer um die Begründung von Ehebeschränkungen geht:

„Das ahnungslose Bräute vor der Verbindung mit geschlechtskranken Männern geschützt werden müssen, wird selbst dem einleuchten, welchem das generative Interesse völlig gleichgültig ist und der die extrem individualistische Auffassung vertritt, die Ehe sei eine Angelegenheit rein privater Natur.

Ebenso wenig wie bezüglich der Geschlechtskranken dürfte bezüglich der Gewohnheitsverbrecher und solcher, deren Tat auf schwere moralische Defekte schließen lässt, die Forderung, sie nicht zur Ehe zuzulassen, auf starken Widerspruch stoßen.

Eher schon die Forderung, dass chronische Alkoholisten oder Gewohnheitssäufer von der Ehe ausgeschlossen sein sollen. Obgleich sie im generativen Interesse unbedingt erhoben werden muss, dürfte es bei uns noch geraume Zeit

Anstehen, bis sie das sittliche Gefühl, das gegenwärtig dem Trinker noch allzu günstig ist, auf ihrer Seite haben wird.

Ebenso wenig oder noch weniger ist einstweilen an ein Gesetz zu denken, durch das psychopathisch Belasteten die Ehe versagt würde. Denn geisteskranke Personen befinden sich in Irrenanstalten, wo es kein Heiraten gibt, und wenn sie von dort entlassen werden, so sind sie ja geheilt - das ist ungefähr der Standpunkt der meisten Laien. Aber wenn er auch sehr weit davon entfernt ist, richtig zu sein, so bedarf doch die Erblichkeitsfrage noch weiterer Erforschung und Erfahrung, um eine vertrauenswürdige Grundlage für eine Gesetzgebung bilden zu können.

Freilich ist es schon gegenwärtig zweifellos, dass die große Mehrzahl der Personen, die je in Irrenhäuser oder ähnliche Anstalten verbracht werden mussten, im generativen Interesse von der Ehe auszuschließen wären; aber außer ihnen auch so manche andere, die nicht in solche Anstalten kamen. Die Grenze wird selbstverständlich immer nur willkürlich gezogen werden können. Jedoch man mag sie noch so zweifellos innerhalb des pathologischen Bereiches ziehen und nur die schlimmsten Fälle von der Ehe ausschließen wollen, immer wird es Fälle geben, die dieser Grenze auf der einen oder der anderen Seite so nahe stehen, dass die Entscheidung anfechtbar sein wird. Solchen Anfechtungen gegenüber bedarf es einer wohlbegründeten und angesehenen Erblichkeitswissenschaft." (wiedergegeben bei Trus, S. 33 und 34)

Der später bedeutendste Vertreter der Rassenhygiene, Alfred Ploetz (1860 bis 1940), war ebenfalls Arzt, setzte den medizinischen Ansatz fort und begründete die negative Ausrichtung dieser spezifisch deutschen Ausprägung der Eugenik. Er war erfüllt von einer im Zeitdenken des ausgehenden 19. Jahrhunderts vorherrschenden pessimistischen Weltsicht, wie sie im geflügelten Wort vom unausweichlichen „Untergang des Abendlandes" noch heute weiterlebt.

Es ging ihm um eine Diagnose des (angenommenen) generativen Niedergangs der Menschheit, um das Problem ihrer Degeneration und seiner Ursachen, die er - ebenfalls wie Schallmayer - durch den Schutz der Schwachen verursacht sah.

Er suchte nach einer „Therapie", die diesen Abstieg aufhalten und die Tüchtigkeit der menschlichen Rasse bewahren helfen sollte. Er sah hier eine Möglichkeit für die medizinische Hygiene , allerdings nicht einer für das konkrete Individuum, sondern für eine solche, die sich mit dem menschlichen Fortpflanzungsprozess allgemein beschäftigen sollte.

Die von ihm so benannte Rassenhygiene wollte aber als Rasse nicht die mit dem Begriff gestern wie heute durchweg gemeinte besondere Art der Gattung Mensch verstanden wissen, sondern als "Vitalrasse", einer Bezeichnung für eine durch Generationen lebende Gesamtheit von Menschen und ihre körperlichen und geistigen Eigenschaften. Aber allein schon durch diese Begriffswahl (gegen die Schallmayer auf seiner Hygiene bestanden hatte) war eine gefährliche Nähe zu den gängigen rassistischen Auffassungen von der Höherwertigkeit der "nordischen" Rasse entstanden und die Unterschiede zwischen wissenschaftlichem Sprachgebrauch und politischer Bewertung verschwammen bzw. waren dann in der NS-Zeit ganz aufgehoben.

Noch vor der Nazizeit fanden "Erkenntnisse" der Rassenanthropologie von dem unterschiedlichen Wert der Rassen Eingang in die Rassenhygiene, vor allem die Behauptung, dass eine Rassenmischung der höherwertigen Rasse schaden würde.

Man muss aber für das gesamte Thema berücksichtigen, dass es unterschiedliche Positionen innerhalb der Eugenik/Rassenhygiene gab (zum Beispiel sowohl völkische als auch sozialistische) und dass darüber hinaus auch einzelne Eugeniker im Laufe der Zeit ihre Positionen wechselten.

Was allerdings für alle Eugeniker/Rassenhygieniker gilt war die Dürftigkeit ihrer Forschungsergebnisse.

Weder seien die Vererbungsregeln relativ einfacher persönlicher Merkmale bestimmt, wieviel weniger dann erst die komplizierter psychischer Eigenschaften. Das Wissen vom Manifestwerden einer Erbkrankheit sei „gleich null", und die Indikationen seien keineswegs wissenschaftlich irgendwie begründet, faßte ein Mediziner 1929 seine Kritik am Forschungsstand der Rassenhygiene zusammen. (wiedergegeben von Weingart, S. 306)

Allerdings hinderte der dürftige Bestand an wirklich gesichertem Wissen die Rassenhygieniker nicht, mit Nachdruck weiterhin den Ausschluss ganzer

Bevölkerungsgruppen von der Fortpflanzung zu fordern.

Dabei erreichten sie ihren größten Einfluss am Ende der Weimarer Republik, als die schwere Wirtschaftskrise und die Finanzkrise des Staates unter dem Gesichtspunkt von Sparmöglichkeiten und -notwendigkeiten rassehygienischen Vorschläge im Gesundheits- und Wohlfahrtswesen stärkeres Gewicht verschaffte.

Mit der Begründung, dass die Aufwendungen für Menschen mit erbbedingten, körperlichen oder geistigen Schäden schon jetzt eine für die Wirtschaft untragbare Höhe erreicht hätten, forderte der Preußische Staatsrat 1932 das Staats-Ministerium auf, eine verstärkte Aufklärung über eugenische Maßnahmen vorzunehmen und die von den Gemeinden, Kreisen, Provinzen und dem Staate für die Pflege und Förderung der geistig und körperlich Minderwertigen aufzuwendenden Kosten auf das »von einem völlig verarmten Volke« noch tragbare Maß zu senken.

Mit Rücksicht auf das sittliche Empfinden der Öffentlichkeit, vor allem aber auch angesichts der Schwierigkeiten einer wissenschaftlich gesicherten Abgrenzung der Krankheiten blieb allerdings auch der Preußische Staatsrat noch auf der Linie einer grundsätzlich freiwilligen Sterilisierungspraxis.

Dies wurde auch von den Rassenhygienikern befürwortet, allerdings nur deshalb, weil sie die Zeit noch nicht reif genug glaubten, um die Zwangssterilisierung durchsetzen zu können. Das sollte sich ändern! Denn den größten Erfolg errangen die Rassenhygieniker gleich zu Anfang des nationalsozialistischen Regimes

Das „Gesetz zur Verhütung erbkranken Nachwuchses" vom 14. Juli 1933 trug ganz ihre Handschrift. Eigentlich nationalsozialistisch war an diesem Gesetz nur, dass eben nur der NS-Staat den Mut und die Möglichkeit hatte, ein Gesetz in dessen Mittelpunkt die Zwangssterilisation stand, durchzusetzen.

§1

(1) Wer erbkrank ist, kann durch chirurgischen Eingriff unfruchtbar gemacht (sterilisiert) werden, wenn nach den Erfahrungen der ärztlichen Wissenschaft mit großer Wahrscheinlichkeit zu erwarten ist, daß seine Nachkommen an schweren körperlichen oder geistigen Erbschäden leiden werden.

(2) Erbkrank im Sinne dieses Gesetzes ist, wer an einer der folgenden Krankheiten leidet:

1. angeborenem Schwachsinn,

2. Schizophrenie,

3. zirkulärem (manisch-depressivem) Irresein,

4. erblicher Fallsucht,

5. erblichem Veitstanz ~untingtonsche Chorea),

6. erblicher Blindheit,

7. erblicher Taubheit,

8. schwerer erblicher körperlicher Mißbildung.

(3) Ferner kann unfruchtbar gemacht werden, wer an schwerem Alkoholismus leidet.
(Abgedruckt bei Trus, S. 61)

Es gab allerdings von NS-Seite Kritik an den teilweise mangelhaften wissenschaftlichen
Erkenntnissen der Rassenhygieniker, die ja die Grundlagen für das Gesetz gelegt hatten und
damit indirekt auch die Ausführung bestimmten.

In einer Denkschrift von 1937 heißt es: ,,Auch heute noch wird die Diagnose Schwachsinn in
erster Linie auf den Ausfall der Intelligenzprüfung (nach dem Intelligenzpürfungsbogen)
gestellt... Folge: die Unfruchtbarmachung ganzer Familien, denen die Vorsehung die
entsprechende Schulbildung, welche der Intelligenzprüfungsbogen erfordert, versagt hat."
(wiedergegeben bei Weingart, S. 472.)

Eine NS-Radikalisierung gab es dann durch die Gesetzeserweiterung von 1934 mit der der
freiwillige Schwangerschaftsabbruch bei Frauen ermöglicht wurde, die gerichtlich als
erbkrank erklärt worden waren, und die Ausweitung der Sterilisierungspraxis auf ,,Juden",
,,Zigeuner", ,,Rheinlandbastarde", ,,Wanderer", ,,Asoziale".
Hier zeigte sich der Weg weg von (mehr oder minder richtigen) naturwissenschaftlichen
Argumenten der ,,alten" Rassenhygiene" hin einerseits zur völkisch-rassistischen
Ausgrenzung Fremdrassiger und andererseits zur sozialrassistischen Ausgrenzung von
,,Gemeinschaftsfremden" und ,,Asozialen", Ausdrücke, die bei den Nazis die Bezeichnung
,,Minderwertige" ablösten.

Eine andere Linie aus der Rassenhygiene setzt sich ebenfalls unmittelbar aus der Weimarer
Republik kommend in die NS-Zeit fort.
Es geht um einen Wertewandel innerhalb der Sozialen Fürsorge selbst.
Rein formell wurde das Gesundheitswesen zwangsweise zu Beginn des NS-

Regimes gleichgeschaltet und damit zum Dienst am deutschen Volks-Körper (!) verpflichtet. Aber dieser Einschnitt ist nur die eine Seite.

„Ein nicht unbedeutender Zusatzgesichtspunkt zur Einschätzung des Verhältnisses der Sozialen Fürsorge zur Rassenhygiene ist der, daß Prozesse der Entwertung und Funktionalisierung nicht erst dann einsetzten, als das nationalsozialistische Terror-Regime begann, die rassenhygienischen Instrumente exzessiv und mit Gewalt einzusetzen und dabei die Soziale Fürsorge in seinen Dienst stellte. Sie begannen schon da, wo in der Sozialen Fürsorge das Bewußtsein Platz griff, „Minderwertigen-Fürsorge" zu sein. Die positive Rezeption dieser zunächst von außen an die herangetragenen Bewertung läßt sich bei allen Fürsorgeträgern in unterschiedlichen Graden ... nachweisen." (Reiher, S. 162)

Es waren also nicht nur die staatlichen und kommunalen Einrichtungen, in denen sich schon vor der Machtergreifung der Nazis, dieser Einstellungswandel vollzog. Hier ein Beispiel aus dem Bereich der evangelischen Kirche:
Deutlich wird dieser Wandel aus einem Tagungsergebnis der Fachkonferenz für Eugenik des Zentralauschusses der Inneren Mission im Jahre 1931, abgedruckt bei Klee, S. 46 und 47.

„Eugenik und Wohlfahrtspflege
Mit Nachdruck ist darauf hinzuweisen, daß erbbiologische Gesundheit nicht mit >Hochwertigkeit< identisch ist. Die Erfahrung aller Zeiten lehrt vielmehr, daß auch körperlich und geistig Gebrechliche ethisch und sozial hochwertige Menschen sein können. Die Strukturwandlungen innerhalb unseres Bevölkerungsaufbaues und die quantitative wie qualitative Änderung der Bevölkerungsvermehrung, die vor allem in der Schrumpfung der durchschnittlichen Familiengröße bei den Gruppen der erbbiologisch und sozial Tüchtigen und Leistungsfähigen zum Ausdruck kommt, lassen aber eine eugenetische Neuorientierung unserer öffentlichen und freien Wohlfahrtspflege dringend erforderlich erscheinen. An die Stelle einer unterschiedslosen Wohlfahrtspflege hat eine differenzierte Fürsorge zu treten. Erhebliche Aufwendungen sollten nur für solche Gruppen Fürsorgebedürftiger gemacht werden, die voraussichtlich ihre volle Leistungsfähigkeit wieder erlangen. Für alle übrigen sind dagegen die wohlfahrtspflegerischen Leistungen auf menschenwürdige Versorgung und Bewahrung zu begrenzen. Träger erblicher Anlagen, die Ursache sozialer Minderwertigkeit und Fürsorgebedürftigkeit sind, sollten tunlichst von der Fortpflanzung ausgeschlossen werden."

Die wichtige Frage nach dem Zusammenhang von Eugenik/ Rassenhygiene und den nationalsozialistischen Ideen und der NS-Praxis lässt sich nur schwer auf einen Nenner bringen.

Obwohl enge Zusammenhänge bestehen, ist es zum Beispiel nach Ansicht von Wissenschaftlern wie Weingart, Kroll und Bayertz falsch, wenn im Nachhinein die Rassenhygiene als wissenschaftliche Ideologie und der Nationalsozialismus als politische Ideologie gleichgesetzt werden. Sie sprechen vielmehr davon, dass es sowohl eine geistige Nähe als auch eine praktische und nützliche Beziehung gab ("intellektuelle und utilitaristische Affinität")

D.h. die Nazis bemächtigten sich der wissenschaftlichen Inhalte und der politische Forderungen der Rassehygieniker und radikalisierten sie, und b) die nach Einfluss und Institutionalisierung strebenden Wissenschaftler wollten von der nationalsozialistischen Herrschaft profitieren.

Weingart zitiert einen führenden Rassehygieniker, der nach 1945 zu Protokoll gab:

„Die Sache ist... so, daß ich vom neuen Staat anfangs eine gediegene Anwendung meiner psychiatrischen Erbforschungsergebnisse in der Praxis erhoffte, daß umgekehrt der Staat anfangs froh war, sich auf einen schon langjährig tätigen psychiatrischen Erbforscher von meinem Rang berufen zu können, daß aber dann ziemlich früh, in erschreckendem Maße aber etwa von Kriegsbeginn an die klassische Rassenhygiene (Eugenik) durch... Mißbräuche und Verbrechen in fast allen Kreisen völlig diskreditiert zu werden begann, weil man alles .zusammen warf und daß man deshalb schließlich von Seiten gewisser Stellen des Staates und der Partei keinen Wert mehr darauf legte, sich auf meinen Namen zu berufen und noch weiterhin in >rassenhygienischen Dingen< heranzuziehen, weil meine oppositionelle Einstellung zu den Mißbräuchen und Terrorakten und Methoden bekannt war.«

Was hier, aber auch in den Darstellungen, die ich benutzt habe, viel zu kurz kommt, ist die Rolle der Rassenhygieniker als „Schreibtischtäter". Denn sie waren als Gutachter der 200 Erbgesundheitsgerichte, die es gab, indirekt auch Herren über das Leben, der von ihnen Begutachteten. Vor allem nach Erlass der Nürnberger Rassengesetze konnte das auch eine Entscheidung über Leben und Tod sein.

Von den Ideen her kann gesagt werden, dass die Rassenhygeniker schon lange vor dem Nationalsozialismus für eine Veränderung des Blicks auf die Menschen sorgten, der dann fester Bestandteil der NS-Politik wurde.

In der Verschiebung der Sicht der Medizin (und damit auch der Aufgaben des Arztes) von der

Therapie des Einzelpatienten auf die Therapie der degenerierten Menschheit und ihrer Erbqualitäten gibt es zur ärztlich vorgenommenen Vernichtung lebensunwerten Lebens einen Zusammenhang. Auch die „Aushöhlung der eigenwertlichen Fürsorge" (Reyer), die von der Rassenhygiene bereits eingeleitet wurde, gehört hierher.

Dieser Zusammenhang ist allerdings nicht zwingend, sondern ,mehr vorbereitend, denn, so stellt Weingart fest, aus der Rassenhygiene selbst geht nur die Forderung nach Verhinderung der Fortpflanzung hervor, nicht aber die nach Vernichtung der Träger „schlechten" Erbguts. Auch politisch gesehen lässt sich eine wichtige Verbindung feststellen, nämlich die zwischen einer medizinischen Wissenschaft, die sich um den „Volkskörper" sorgt und einem Staat, der genauso wenig das Individuum zu seiner Sache macht, sondern Volk und Rasse.

Benutzte Literatur:

Ernst Klee, Dokumente zur „Euthanasie", Fischer-Taschenbuch Nr. 1890

Werner Hofer, Der Nationalsozialismus, Fischer Taschenbuch Nr. 6084

Weingart/Kroll/Bayertz, Rasse, Blut und Gene, Geschichte der Eugenik und Rassenhygiene in Deutschland, Frankfurt 1996

Armin Trus, „...vom Leid erlösen", Zur Geschichte der nationalsozialistischen „Euthanasie"-Verbrechen, Frankfurt 1995

Auszüge aus dem Buch:
Jürgen Reyer, Alte Eugenik und Wohlfahrtspflege, Freiburg 1991